समझ

मेरी कविताएँ

डॉ.सिमी.एस.कुरुप

क्रम-सूची

भूमिका

जैसा कि कहा गया है कि साहित्य समाज का दर्पण है, किसी भी काल में तत्कालीन परिस्थितियों का प्रभाव साहित्य पर अवश्य पड़ता है। एक साहित्यकार अपने साहित्य में जो कुछ भी लिखता है वह समाज का ही प्रतिबिंब होता है।इसलिए ही कहा गया है कि साहित्य और समाज का अटूट संबंध है। कविता की कालजयिता इस बात पर निर्भर है कि प्रत्येक कविता की कोई अंतिम व्याख्या नहीं है। अपनी भावना के अनुसार किसी भी काल में,परिस्थिति में कविता की व्याख्या संभव है। इस प्रकार कविता मनुष्य को भावात्मकता से जोड़ती है। दुनिया की खूबसूरती को व्यक्त करने के लिए तथा दिल को चोट पहुंचाने वाले घटनाओं को व्यक्त करने के लिए कविता से बेहतर कोई माध्यम नहीं है।

1. ना उम्मीदी के बावजूद

सोचा था मैं भी ,
पर्वतों की ऊंचाई को छू लूं
उन पेड़ों की ऊंची डालियों से,
देखूं आसमान करीब से
बातें करूं उन हवा की झोंकों से,
और उड़ते हुए पंछियों से
जब पंख मिले तो ,
खुले आसमान में उड़ने का डर भी ,
पंखों के साथ मिला
बदलते बादलों की छबि देख कर मुस्कुराती रही
उस उड़ान की तैयारी में- सालों-साल बीत गए,
पर कभी मन का पंछी उड़ नहीं पाया
उन पर्वतों व पेड़ों की ऊंची डालें बुलाती रही,
मैं हूं कि उस पहले उड़ान की- हिम्मत जुटा नहीं पाई।

जीती रही उन उम्मीदों में डूब कर
फिर एक दिन उठी एक चिंगारी मन में,
कि तुम्हारी इस दुनिया में कुछ तो नियति होगी
उस मुकद्दर को अनदेखी करना,
मृत्यु समान लगने लगी
रोज की तैयारी से हौसला जुटा कर,
फिर छलांग लगाई
पंख खुले और आसमान को चीरना सीख लिया।
अब मैं देख सकती हूं
और छू सकती हूं,
उन पेड़ों और पहाड़ों को
मन का पंछी उड़ चला है

ना उम्मीदी के बावजूद ,
उम्मीद की चिंगारी भड़क उठी थी मन में कहीं
बस चिंगारी जलानेवाले का पता नहीं।।

• 2 •

2. तितली

सुन्दर सी तितली जैसी
खेल रही थी आंगन में वो
माता-पिता थे नहीं घर पे
छोटी सी तितली खेल रही थी
अपने छोटे भाई के साथ
आया था एक अंकल
दो दिन पहले, ऊपर वाले कमरे में
बात करते थे उससे,मिठाई देते थे
देख रहा था ऊपर से वो
खेल रही छोटी सी तितली को
नीचे आया, चाकलेट दिया
कहा ,आए तो खिला देंगे मिठाई और
चल पड़े वो उसके साथ।

आधे घंटे में पहुंच गए दोनों
एक तालाब के पास जिसका-
किनारा भरा हुआ था झाड़ियों से
हंस रही थी नन्ही सी तितली
हाथ भर थे मिठाई
सोचा लौटने पर दूंगा
छोटे भाई को भी
उसे पता भी नहीं चला
क्या हो रहा है
अंकल ने बड़े प्यार से
गोद में बिठाया था उसे
घंटे भर बाद किसीने देखा
हाथ भर चाकलेट पकड़े

सो रही है एक नन्ही सी तितली
तालाब के किनारे।।

सो रही है एक नन्ही सी तितली
तालाब के किनारे।।

3. पौधा

मिला था एक सड़क के किनारे
वह पौधा मुरझाया -सा
रोज टहलती थी मैं
उस राह पर सुबह -शाम
कभी रास्ते पर पड़ा पत्थर को भी अनदेखा न की
फिर भी इस नन्ही सी परी पर नजर न अटकी।

सड़क के किनारे खड़ा था वो
पत्थरों के बीच सूखा -सूखा सा,
जीवन जल का प्यासा
सभी कष्टों के बीच उगा था
इस संसार में जीने की आशा लेकर
सूरज की वो कठिन धूप और
गर्म हवा के झोंकों से
बिना पानी के वो मुरझाने लगा था
नज़र पड़ी तो प्यार से
उगी हुई उन पत्थरों के बीच में से
मोचित करवाई उसके नन्हें जड़ों को।

ले आया घर
नमी ढूंढती जड़ों समेत
उस नन्हे को गमले हवाले कर दिया
नयी मिट्टी,नयी जगह और पानी
गमले की नमी भरी मिट्टी से बातें करता-
जड़ों ने तेजी से अपना जाल बिछाया
नयी मिलन की प्रेमकथा,
नयी पत्तों व कली रूप में उभर आई।

सफल हुआ वो जीवन यात्रा,
जब वो अनमोल कली ,
खिली आंगन में
सूरज की पहली किरण देख,
पत्तों की छाया में छिपी और शरमाई
इन्तजार थी कि कब फूल बने और
भौरों से बातें करें।

आशा थी कि भौंरे पहुंचाए
इस जीवन कथा गीत
उस जगह तक , जहां -जहां जाए
उन फूलों, उन वादियों में और शायद
उन पत्थरों में
जो कभी उस पौधे को
जड़ बिछाने से,
रोक रहा था या
जिसने उसे कठिनाइयों से लडना सिखाया।।

4. नंगेली

वह थी नंगेली
नीच जात में जन्मी
जब इस देश में जातिवाद
का चल रहा था रुद्र तांडव
छुआछूत एक श्राप था
ऊंच जात वाले रास्ते दिखे तो
कोई जात पच्चास कोस दूर
तो कोई सौ कोस दूर ठहरे
और कोई नजर में भी ना दिखे
छप्पन जात के लोग थे यहां
दो-तीन जात वालों का था यह स्वर्ग
तो बाकी तिरपन के जीवन नरक से कम नहीं ।

नंगेली जवान हो गई थी
जल से संतुष्ट खेतों किनारे
छोटी सी नहर के पास
गीली जमीन की छोटी सी टुकड़ी में थी
उसकी झोपड़ी
मां तो पहले ही गुजर गई थी
रहती थी बीमार पिता के साथ
जो काम करते थे रावण समान जर्मींदार के वहां
हमेशा नजरों से करता था बलात्कार
छाती ढकना तो मना था
नीच जात के औरतों को
खेत में काम करते ,
बाजार जाते वक्त
घूर कर देखते थे सब उसे

किसी खजुराहो की मूर्ति से
कम सुंदर नहीं थी नंगेली।

छाती छिपा सकते थे वह,
जो भरे 'स्तन कर '
यही रिवाज थी कि कपड़ा ओढना है,
छाती पर तो भरना पड़ेगा' स्तन कर'
वह गरीब जिनको
भरपेट खाना भी ना हो नसीब
वह कैसे भरते स्तन की लगान
नंगेली जो ऊंच जात वालों के,
घूरना सह नहीं पाई
ओढ़ने लगी कपड़ों से छाती
बिना कर दिए ही
फैल गई बाजार में यह बात
पहुंचे राज किंकर उसकी झोपड़ी में
खींच निकाले उसके बीमार पिता को बाहर
शुरू किया मारना यह पूछ कर,
कि तेरी बेटी क्यों नहीं भरती स्तन की लगान
रोती- गिड़गिड़ाती नंगेली बोली
कल सवेरे भर दूंगी लगान
वरना कभी छाती ना ओढूंगी
राज किंकर गए लौट कर
पहुंचे दूसरे दिन वो सुबह-सुबह
साथ थे जमींदार और अनेक लोग
सबको पता था कि नंगेली
भरने वाली नहीं थी लगान
मगर दर्शन मिलते उन सुंदर स्तनों के
जिसे कई दिनों से कपड़ों से छिपाकर चलती थी
नहर में डुबकी लगाई
सज- धज कर खड़ी थी नंगेली

अबला नारी ,अकेला नारी
उस जमीन की बेटी
फैले अपने निगाहें चारों ओर
देखी नहीं वह किसी की आंखों में
जरा सा भी तरस
मगर देखी सबकी उत्सुकता
अकेली नारी को चीर-फाड़ने की
निकाली अपनी चाकू हाथ में
स्तन से ओढनी हटाई
एक ही झटके में काट दी
अपने दोनों स्तन
रख दी केले के पत्ते में
कांप गए लोग देख कर
नंगेली की बहादुरी
खिसक गए अधिकारियों के पैरों तले जमीन
नंगेली के विद्रोह और कुर्बानी ने,
दी कई पीढ़ियों को समाज में,
इज्जत से जीने का अधिकार।।

5. कोशिश

कामयाबी केलिए कोशिश करते रहो
सुनती आ रही हूं सालों से यह
कोशिश की , बहुत की
बंद दरवाजों पर दस्तक दी बार-बार
पर कभी दरवाजा खुला नहीं
बंद ही रह गया
उमंग थी मन में
पराजय को स्वीकार करना मंजूर नहीं था
फिर जाग उठी
कोशिशें करती रही...
कामयाबी मिलेगी
शायद.........

6. रेल गाड़ी

चल पड़ी थी वह रेल गाड़ी
हजारों उम्मीद लेके
कई सपने और लाखों खुशियां समेटे
नयी उमंगें , नये रिश्तों को बुनने
किसी की विरासत से बंजर जमीनों में भारी बरसने,
बच्चों से मिलने
उनके देख- रेख में अधूरा छोड़ा,
उन कच्चे धागों को जोड़ने ।
गाड़ी छूटी तो अपने सामने वालों की
निगरानी करता कोई
अगल - बग़ल के डिब्बों में,
परिचित चेहरों को ढूंढता कोई
नयी दोस्ती के लिए हाथ बढाता कोई
मुस्कुराहट में ही अनजानापन दूर करता कोई
हवा से बातें करता रफ्तार पकड़ती रेल।

कोई सुस्ती लेते ऊपर की बेर्थ में बिस्तर लगाये,
तो कोई नमकीन के पैकेट खोल बैठ
रेल की पटरी का गूँजती आवाज़
मधुर संगीत लगने लगी
वो राग यात्रियों के आपस के- बातचीत की
ताल से ताल मिलाने लगी
धूप की तपती किरणें,
खिड़की से आती तेज हवा ,
गाड़ी के अन्दर लू समान लगने लगी
ख़ान- पान के समय आया
गाड़ी के भीतर तरह -तरह के पकवान के ख़ुशबू फैली

पेट की आग बुझ गई तो
आलस्य में सब आधी नींद सोये ।
शाम आयी तो चाय के साथ
मनोरंजन के तरीक़े भी ढूँढे
कोई पत्ते खेलता तो कोई
गाँव- देहात में बीती दिनों के यादें दोहराता
डूबता सूरज और सुंदर संध्या की
मनोहर दृश्य रेल गाड़ी की खिड़कियों से अनमोल दिखा ।
पटरियों का किनारा रात की चादर ओढ़ने लगी।
सिर्फ एक प्रकंपन और धमाका याद है
उलट -पलट रहे थे डिब्बे ,
चिल्लाने-चीखने की आवाज़ें
गूंज रही थी कानों में
कहीं गहरी नींद में देखा सपना तो नहीं
आँखें खुली तो अंधेरा- सा ,
छाया हुआ था चारों तरफ़
बस दर्द भरी रोने की आवाज़ और खून का गंध ।

सामने जो बैठा नज़र नहीं आया ,
साथ चले जो वो भी नहीं दिखा,
उठना तो छोड़ो हिलने की भी हिम्मत नहीं ,
आंखों में छाने लगा था अंधेरा
धुंधलाए नज़रों से , किसी का पास आना
हल्की - सी रोशनी में भी भुला नहीं पाया
फिर कुछ दिन दुनिया से अलग,
किसी वादियों में अकेले,
मंडराता रहा मन
होश आया तो किसी अस्पताल में
कई औरों के साथ ,
रोते - रुलाते बंधुओं के साथ
सुनने में आया कि भारी रेल- दुर्घटना थी

कई लोगों की मृत्यु हो गयी
कई अपाहिज
मैं तो बच गया मगर,
उन टूटे रिश्तों का क्या ?
वो बिखरे सपनों का क्या ?
असफल रही किसी की मिलन का क्या?
इस दुनिया में बाक़ी रखे
उन अधूरी चाहतों का क्या ?......

7. दोस्त

दोस्त सबके होते हैं ,लेकिन
जो मन में रहे सालों तक
नया-नया सा मन को
सुख देती ऐसी दोस्ती
बहुत कम ही होते हैं ।
दूसरी कक्षा में एक था दोस्त हमारी
जो बीमार रहती थी हमेशा
बुखार से पीड़ित थी, खांसती रहती थी
बात नहीं करते थे कोई , उसे
पास नहीं बिठाते थे कोई
टीचर भी पसंद नहीं करते थे उसे
क्यों कि
अनुपस्थित रहती थी कक्षा में प्रायः
लेकिन
दया आती थी मन में मेरी
जाकर बातें करती थी
वह बड़ी खुश हो जाती थी ।

चौथी कक्षा के बाद दूसरे स्कूल चली गई मैं
दोस्ती टूट गई
सालों बाद मिली रास्ते पर एक दिन
आकर खुशी से गले लगी
कहा , दोस्त कभी भूल नहीं पाए तुम्हें
अच्छा लगा, टीचर थी वो अब।
खुशी हुई एक दोस्त को कामयाब देखते हुए।।

8. मणिपुर

हैरान थी मैं कि अचानक ये क्या हुआ,
कल तक जो दोस्त थे मेरे
वह स्कूल में नजर नहीं आ रहे
छोटी- सी अबेम मेरी ही कक्षा में पढ़ती थी
वह नन्ही सी परी की याद दिलाती थी
दूर पहाड़ियों पर था घर उसका
सुनाती थी मधुर कहानियां,
अपने गांव के बारे में,
जंगल- पहाड़ियों में जाने की,
खेतों में हाथ बंटाने की,
अलग-अलग वर्ण के तितलियों के पीछे भागने की,
हवा की झोंकों में लहराती हुई
उन रंग बिरंगी फूलों की।

देखा था सपनों में वह सुंदर गांव,
वहां के सुंदर नजारे
चाहता था जाने को एक बार
लेकिन कहां भेज देते मुझे वहां
कहते थे मेरे परिवार वाले आबेम को जंगली।
स्कूल और घर के चार दीवारों में कैद रहने वाली,
मैं सोचती थी आबेम होगी बड़ी भाग्यशाली
जो रहती थी प्रकृति के सुंदर खुले नजारों में ।

स्कूल में दोपहर को जब आबेम,
खाने वाला डिब्बा खोलती थी
उस खुशबू में मदहोश हो जाती थी मैं
बस मन ऊब गया था रोज के अंडा -ब्रेड से

मुझे लगने लगा था कि बस एक
आबेम ही है मेरा सच्चा साथी
जो इस खुली हवा और दूर दिखने वाली ,
उन हरियाली पहाड़ों से जोड़े नाता मेरा ।

पिछले कई दिनों से वह स्कूल नहीं आ रही
उसके गांव के बच्चे भी दिख नहीं रहे
हमारे साइंस टीचर भी गायब थे
पुलिस वर्दी वाले दिख रहे थे
चारों तरफ कुछ दिनों से
घर में और आसपास के गलियों मे
एकदम सन्नाटा है छाया हुआ
घर में तो जब देखो टीवी पर,
समाचार ही चल रहा था
अब तो स्कूल जाना भी बंद हो गया
पूछे तो कोई बोले कि मणिपुर जल रहा है
बाहर देखा तो कहीं आग- धुआं नजर नहीं आई
पूछने पर मम्मी ने बताया कि
यहां लड़ाई चल रहे हैं दो विभागों के बीच
लड़ाई किस लिए?
इसके लिए मिले जवाब तो मेरे समझ से परे थे।

आ रही थी दूर पहाड़ियों से,
ठाई- ठाई की आवाजें
सोचा मैंने इसे, स्कूल की छुट्टियों में
अबेम और उसकी सहेलियां
मजे कर रहे होंगे फोड़ कर पटाखे
काश मैं भी जाती आबेम के साथ उसकी गांव
स्कूल तो अभी बंद है
इस बंद कमरे से कितना सुंदर,

होगा अबेम का घर ,गांव
देख रहा था एक दिन टी वी पर ख़बरें
डरती थी कई जलाए हुए घरों के बीच
आबेम का घर तो नहीं
देखा जलते घरों ,लड़कियों, बच्चों को
तुरंत मम्मी ने आंखें बंद कर ली
गोदी में उठा लिया मुझे
कमरे में जाकर बंद कर दिया दरवाजा
समझ में नहीं आया
क्यों जल रहा है मणिपुर ?......

9. माँ

माँ ममता की मूर्ति थी
जब वो दिन -रात काम करती थी
सुबह-सुबह उठती थी
घर साफ करती,खाना बनाती
बच्चों को खिलातीं, नहलाती
स्कूल भेजती थी बड़े प्यार से
खुशी -खुशी पति को भी दफ्तर भेजते
फिर कपड़े धोती, बाजार जाती
स्कूल से लौटे बच्चों को पढ़ाती
पति को चाय बनाती
गुजरती थी दिन-रात उसकी
किसीने नहीं पूछा,
उसे क्या पसंद है,वो क्या चाहती है
किसी शादी वगैरह में जाती न थी
पति के माता-पिता जो बीमार थे
काम करते -करते थक गई वो
चल बसी दुनिया से एक दिन ।

सब लोग दुखी थे
कि पति और बच्चे करेंगे क्या,
सिर्फ यही सोच कर ।
एक महीना बीत गया
डरते-डरते बुलाया पति को
किसी दोस्त ने
कि उनका क्या हाल होगा अभी
पति ने बात की खुशी -खुशी
कैसा है पूछने पर तुरंत जवाब आया

सब ठीक-ठाक चल रहा है

खुश थे पति और बच्चे

रखी हैं घर में दो -दो नौकरानी

एक खाना बनाने, घर साफ करने

माता-पिता को देखने के लिए दूसरा एक

सब ठीक-ठाक चल रही है

उसकी कमी कहीं नहीं थी

याद आ रही थी उसकी

थका हुआ प्यार भरा चेहरा.....

10. खुशी

खुशी से जी लो ज़िन्दगी
क्योंकि
जो आना है ,आ ही जाएगा
जो मिलना है,मिल ही जाएगा
हंसने और रोने के बीच
ज़िन्दगी गुजर जाएगी
खुशियों के पल समेट कर रखो मन में
दुःख के अवसर पर काम आऐंगे
ढूंढ लो अपने ही अंदर
मिल जाएंगे पल कुछ ऐसे खुशी के,
जो भूल न पाए कभी-भी
समेट कर रखो उसे मन में
क्योंकि
ज़िन्दगी को जीना ही पड़ेगा।।